AF509226

CATALOGUE

DES OBJETS PROVENANT

DE LA MISSION DE PHÉNICIE

PARIS

IMPRIMERIE DE L. TINTERLIN ET Ce

Rue Neuve-des-Bons-Enfants, 3.

CATALOGUE

DES OBJETS PROVENANT

DE LA MISSION DE PHÉNICIE

DIRIGÉE

PAR M. ERNEST RENAN

MEMBRE DE L'INSTITUT

PARIS

MICHEL LÉVY FRÈRES, LIBRAIRES ÉDITEURS

RUE VIVIENNE, 2 BIS, ET BOULEVARD DES ITALIENS, 15,

A LA LIBRAIRIE NOUVELLE

—

1862

Tous droits réservés

CATALOGUE

DES OBJETS PROVENANT

DE LA MISSION DE PHÉNICIE

1.

PIERRES ayant fait partie d'un monument très-ancien à Gébeil (Byblos). Voir le dessin n° 16, la photographie n° 72 et le bas-relief, n° 2. L'ornement à gradins qui caractérise ces pierres resta jusqu'à une époque moderne un motif d'architecture très-commun à Byblos. Voir les n° 15, 51, 63, 93. On le retrouve en grand sur le principal monument d'Amrit. Voir les dessins n° 7 et 8.

2.

BAS-RELIEF représentant un lion en ancien style asiatique. Faisait partie du même édifice que les pierres n° 1.

3.

ÉPITAPHE de Sérapion, professeur à Byblos, et de sa femme Dionysia, avec la croix ansée ordinaire à Byblos. Voir n° 50 et vitrine n° 21, 22.

1.

4, 5, 6, 7, 8.

Têtes trouvées à Oum-el-Awamid. Coiffures présentant une physionomie égyptienne.

9.

Cippe funéraire trouvé à Amrit, ou plutôt, ce semble, entre Tortose (Autaradus) et Amrit (Marathus) ; donné à la Mission par M. Peretié.

10.

Cippe funéraire. Aux angles du petit fronton se lisent quelques caractères phéniciens.

11.

Linteau de porte d'un temple phénicien trouvé au village d'Eddé, près de Gébeil, présentant les emblêmes décrits par Philon de Byblos (uræus, globe ailé, etc.) Les uræus ont été martelés, et le globe aplati pour recevoir une croix, la pierre ayant servi de dessus de porte à une église chrétienne. Au bas se lisent des inscriptions grecques.

12.

Partie de la frise et de l'architrave d'un temple en style corinthien élevé à Byblos. Le centre présente le globe ailé et les uræus, traités selon les habitudes de l'époque romaine.

13.

Bas-Relief des derniers temps du paganisme,

représentant Apollon et Diane ou le Soleil et la Lune, trouvé près de Schalhaboun (Schaalabbin des Hébreux, dans la tribu de Dan). Inscriptions grecques.

14.

PARTIE de sarcophage trouvée près de Sarfend (Sarepta).

15.

AUTEL à la déesse de Nesepteitis, jusqu'ici inconnue. Pour l'ornement à gradins qui couronne l'autel, comparez les n°s 51, 63, 93. Provient de la colline d'Assouba, près Gébeil, autrefois couverte d'édifices religieux.

16.

TÊTE trouvée à Ruad (Aradus).

17.

ACROTÈRE trouvée à Gébeil.

18, 19.

SARCOPHAGES trouvés dans la nécropole de Saïda (Sidon), caveau de l'époque romaine.

20.

GRANDE *THECA* trouvée dans la nécropole de Saïda, caveau de l'époque phénicienne.

21.

SARCOPHAGE trouvé dans la nécropole de Saïda.

22.

SARCOPHAGE trouvé dans la nécropole de Saïda. Cheveux peints.

23.

SARCOPHAGE trouvé dans la nécropole de Saïda. Tête peinte. C'est probablement le plus moderne de tous les sarcophages. Il paraît de l'époque des Séleucides.

24.

SARCOPHAGE trouvé dans la nécropole de Saïda. Chevelure peinte.

25.

SARCOPHAGE trouvé dans la nécropole de Saïda. Type grec.

26.

FRAGMENTS de sarcophage trouvé dans la nécropole de Saïda. C'est le seul sarcophage de ce genre où les bras, les pieds et les vêtements soient indiqués.

27.

FRAGMENTS de sarcophages trouvés dans la nécropole de Saïda. La caisse est celle qui rappelle le mieux la forme d'une momie.

28.

SARCOPHAGE en lave de Safita, trouvé entre Tortose et Amrit. C'est le seul sarcophage de ce genre que l'on connaisse en pierre de Syrie.

29.

SARCOPHAGE en marbre, trouvé dans la nécropole de Saïda.

30.

SARCOPHAGE trouvé à Kneifedh (cinq heures de Sour) : imitation des types égyptiens. Sur le devant personnage ailé tenant en main la fleur de lotus, coiffé des symboles égypto-phéniciens ; griffons sur le couvercle ; semble de l'époque romaine.

31.

FRAGMENT d'un sarcophage trouvé à Roukley (deux heures de Sour) : grappes de raisin suspendues à une guirlande, type très-commun aux environs de Tyr.

32, 33.

SARCOPHAGES trouvés dans une chambre souterraine à Byblos. Sur le devant, symboles qui paraissent se rapporter aux mystères.

34.

BAAL ou JUPITER, trouvé près de Maschnaka.

35.

INSCRIPTION grecque de l'an 8 avant Jésus-Christ, *au Dieu Satrape*, trouvée à Maad, entre Gébeil et Batroun.

36.

TÊTE trouvée entre Tortose et Amrit.

37, 38.

DEUX LIONS ou SPHINX trouvés à Oum-el-Awamid
(quatre heures de Sour).

39, 40.

DEUX INSCRIPTIONS grecques trouvées dans un
caveau funéraire à Byblos.

41.

NAOS en bas-relief, surmonté du globe avec uræus,
représentant une divinité montée sur un char de
dragons, avec un croissant. Trouvé à Gharfin, près
Gébeil.

42.

LION trouvé à Byblos.

43.

INSCRIPTION phénicienne votive, trouvée à Oum-el-
Awamid. L'auteur du vœu est un certain Abdélim ;
la divinité est Baal-Soleil.

44.

INSCRIPTION phénicienne votive, trouvée sur une
pierre à offrande à Oum-el-Awamid. L'auteur du
vœu est Abdeschmoun ; la divinité est Astarté.

45.

Fragment de gnomon avec inscription phénicienne, trouvé à Oum-el-Awamid.

46.

Inscription grecque trouvée à Oum-el-Awamid, et présentant le même nom que l'inscription phénicienne nº 43.

47.

Bas-relief représentant un oiseau et une cage, trouvé à l'emplacement supposé de la ville d'Ornithopolis, entre Sarepta et Tyr. Semble renfermer une allusion au nom de cette ville.

48.

Chapiteau ionique grec, analogue à ceux de l'Acropole d'Athènes, trouvé à Oum-el-Awamid.

49.

Palmettes d'un travail grec très-fin, analogue au chapiteau nº 48, trouvées à Oum-el-Awamid.

50.

Autel à la déesse Céleste, trouvé à Gébeil. Pour le signe qui est au-dessous de l'inscription grecque, comparez l'inscription nº 3.

51.

Petit autel de Gebeil, présentant les motifs ordinaires du style de Byblos (gradins et acrotères lis-ses). Comparez nᵒˢ 15, 41, 63, 93.

52.

FRAGMENTS divers d'architecture trouvés à Oum-el-Awamid.

53, 54, 55, 56, 57, 58.

GROS cippes avec inscriptions grecques, ayant servi de base à des statues, trouvés à Ruad (Aradus.)

59.

CIPPE analogue aux précédents, sans inscription ancienne, mais où des marins du dix-septième siè-cle paraissent avoir écrit leurs noms.

60.

INSCRIPTIONS grecques.

61.

GLOBE, avec les différents appendices décrits par Philon de Byblos et les deux uræus, ayant servi de clef de porte à Oum-el-Awamid. C'est la plus an-cienne des nombreuses clefs du même genre trouvées en ce lieu.

62.

COLONNETTE avec inscription grecque, trouvée à Tyr.

63.

FRAGMENTS d'un petit autel de Byblos.

64.

CIPPE triangulaire, orné sur ses trois faces de statues, dont chacune est surmontée du globe ailé avec l'uræus, trouvé à Ruad (Aradus).

65.

CIPPE à Esculape (Eschmoun), trouvé à Ruad.

66.

PETITE TÊTE trouvée à Ruad.

67.

PETIT bas-relief trouvé à Sour (Tyr).

68.

URNE trouvée à Byblos, ornée de génies soutenant des guirlandes.

69.

INSCRIPTION hébraïque trouvée à Byblos.

70.

FRAGMENT d'une statuette à gaîne, trouvé à Sarba près Djouni, dans le Kesrouan.

71.

PARTIE antérieure d'un sphinx ou chérub, orné d'un riche collier, trouvée à Oum-el-Awamid.

72.

Inscription latine trouvée près de Batroun, indiquant les limites entre les gens de *Cæsarea ad Libanum* et ceux de *Gigartus*, dans la rue des Sidoniens (probablement à Tripoli). Le nom du gouverneur est gratté.

73.

Globe avec les uræus et les appendices ailés, ayant servi de clef de porte, trouvé à Oum-el-Awamid.

74.

Fragment de statue couchée, trouvé à Oum-el-Awamid, travail grec.

75.

Fragment présentant sur trois faces et aux angles, des restes de sculpture, trouvé à Oum-el-Awamid.

76.

Fragment d'une sorte de siége votif, surmonté du globe ailé, avec des bras en forme d'ailes, trouvé à Oum-el-Awamid.

77.

Inscription trouvée à Tyr, en l'honneur de Marcus-Æmilius Scaurus, le lieutenant de Pompée, dans sa campagne d'Asie (vers 60 av. J.-C.).

78.

INSCRIPTION grecque du temps de Trajan, trouvée dans le Kesrouan.

79.

STATUETTE provenant de l'île de Chypre, donnée à la mission par M. Peretié.

80.

VASES de fleurs sculptés, trouvés à Oum-el-Awamid.

81.

GLOBE, avec les uræus, accompagné du croissant, trouvé à Oum-el-Awamid.

82.

PIERRE votive, trouvée dans la nécropole de Saïda.

83.

TÊTE grecque, en albâtre, provenant d'Aradus.

84.

TÊTE de provenance incertaine.

85.

BAS-RELIEF représentant un animal sur un pylône, trouvé à Oum-el-Awamid.

86.

BAS-RELIEF égyptien, en pierre de Syrie, trouvé à

Gébeil (Byblos). La tête, couronnée de l'uræus et du globe, paraît être celle d'Athor ; au-dessus de l'autre tête, il y a des signes hiéroglyphiques.

87.

STATUETTE égyptienne, naophore, avec une inscription hiéroglyphique portant le nom de Psammétique, trouvée à Aradus. En granit d'Égypte.

88, 89, 90.

AUTRES fragments avec inscriptions hiéroglyphiques, trouvés à Aradus ; granit d'Égypte.

91.

STATUETTE naophore, trouvée à Byblos ; granit d'Égypte. Les hiéroglyphes sont effacés.

92.

PIERRE conique, qui semble avoir servi de couronnement à un édifice, trouvée à Amrit.

93.

AUTEL, dans le goût de Byblos, à Zeus-Epouranios, le même que l'Hypsouranios ou Samemroum de Philon de Byblos ; trouvé à Sarba, près Djouni.

94.

FRAGMENT d'un bas-relief trouvé à Saïda.

95.

Divinité assise sur un siége orné de lions, trouvée dans un endroit très-élevé du Liban, au-dessus de Mischmisch.

96.

Pierre entourée d'une sorte de collier et d'ornements réticulaires, trouvée à Oum-el-Awamid. Voir le dessin n° 31.

97.

Base avec inscription grecque, trouvée à Aradus.

98.

Fragment de statue archaïque trouvé à Oum-el-Awamid.

99.

Sphinx ou Chérub en bas-relief, trouvé à Ruad (Aradus). En albâtre.

100.

Griffons en bas-relief, trouvés à Ruad. En albâtre.

101.

Fragment d'une frise composée d'uraeus, trouvé à Aradus. Une frise complète du même genre existe à Amrit. Voir le dessin n° 3.

2.

102.

PIERRE portant le mot EXEI, trouvée dans un caveau funéraire à Byblos.

103.

INSCRIPTION chrétienne trouvée à Saïda.

104.

INSCRIPTION grecque du temps de Caracalla, trouvée dans le Kesrouan. Le nom de Géta est gratté.

105.

INSCRIPTION grecque; provenance incertaine.

106.

INSCRIPTION bilingue trouvée à Aradus en l'honneur de Marcus-Septimius Magnus. Le nom de la légion est gratté, comme à l'inscription du fleuve du Chien.

107.

CIPPES d'un genre très-commun à Saïda.

108.

Sortes D'EX-VOTO communs surtout à Aradus.

109.

FRAGMENTS d'un sarcophage de Byblos. Époque romaine.

110.

FRAGMENT de statue ailée.

111.

SARCOPHAGE en plomb trouvé à Saïda, représentant Psyché.

112.

FRAGMENTS de sculpture trouvés à Aradus.

113.

POIDS trouvé à Gebeil.

114.

USTENSILE trouvé à Amrit.

115.

FRAGMENTS d'inscriptions grecques.

116.

PLATRES trouvés à Amrit dans un sarcophage, et portant l'empreinte des étoffes qui enveloppaient le cadavre.

117.

FRAGMENTS ayant fait partie d'un caveau funèbre près de Byblos.

118.

BAS-RELIEF funéraire.

119.

FRAGMENT trouvé à Saïda.

120.

PLATRE d'un bas-relief trouvé à Tyr, analogue à des sculptures trouvées à Carthage (1).

(1) Des difficultés s'opposèrent à l'enlèvement de cet objet.

VITRINE

1.

Toiles ayant servi à l'embaumement des cadavres, trouvées dans les grands sarcophages à tête de la nécropole de Saïda.

2.

Poteries avec inscriptions grecques.

3.

Fragment d'un cylindre avec inscription hiéro glyphique, trouvé à Tyr.

4.

Fragment d'inscription grecque, trouvé à Gharfin, près Gébeil.

5.

Bas-relief représentant une chasse, provenant du pays de Tyr.

6.

STATUETTE de divinité, trouvée à Gébeil. Les yeux et les ornements des cheveux étaient rapportés.

7.

FRAGMENT de statuette trouvée à Tortose.

8.

FRAGMENT d'une statuette de Vénus, trouvé à Gébeil.

9.

DEUX torses de statuettes, provenance incertaine.

10.

TÊTE fort ancienne, rappelant le type égyptien, trouvée dans une tranchée très-profonde, à Tyr.

11.

TÊTE d'une physionomie persane, trouvée à Tyr.

12.

STATUETTE de Minerve, trouvée à Sidon.

13.

STATUETTE de la grande déesse, type archaïque, trouvée à Tortose.

14.

DIVINITÉ à cheval (Tortose).

15.

ORNEMENT grotesque (Saïda).

16.

Statuettes de l'époque grecque (Saïda).

17.

Petite colombe votive (Saïda).

18.

Lecythe grec, trouvé près de Tortose.

19.

Bague d'or, dont la pierre représente un cheval marin, trouvée à Gébeil.

20.

Anneau d'or avec pierre gravée, trouvé à Saïda, dans le sarcophage n° 21.

21.

Scarabée, avec la croix ansée commune à Gébeil.

22.

Amulette, avec la même croix ansée (Gébeil).

23.

Darique.

24.

Deux petites dariques.

25.

Monnaie sassanide.

26.

Monnaies des Croisés.

27.

Monnaies phéniciennes ou frappées en Phénicie.

28.

Ustensile de toilette en ivoire, représentant une Vénus, trouvé à Saïda.

29.

Amulette représentant Anubis, trouvée à Gébeil.

30.

Amulette dans le goût persan.

31.

Amulettes égyptiennes et autres.

32.

Bijoux trouvés à Gébeil, à Saïda, à Amrit.

33.

Bracelet en argent trouvé à Saïda.

34.

Verreries trouvées à Tortose, à Amrit, à Gébeil, à Saïda.

35.

Poteries trouvées à Amrit, à Gébeil, à Saïda, à Sour.

36.

Vases et ustensiles d'albâtre trouvés surtout à Saïda.

37.

Lampes trouvées sur tous les points de la Phénicie.

38.

Bronzes, armes, etc., trouvés à Gébeil et à Saïda.

39.

Plat de métal trouvé à Gébeil.

40.

Ossements trouvés dans le sarcophage n° 29.

41.

Fragments de sarcophages en plomb, trouvés à Gébeil.

42.

Soutien de lampe funéraire (Byblos).

43.

Instruments en fer et chaîne trouvés à Oum-el-Awamid.

MOSAIQUE

Mosaïque trouvée à deux heures de Sour, près du
monument phénicien connu sous le nom de *Tombeau
d'Hiram*. C'était le pavé d'une église dédiée à saint
Christophe. Une inscription nous apprend que l'ou-
vrage entier fut fait l'an 701. Si cette date doit
être supputée selon l'ère d'Antioche, très-usitée en
Syrie, elle nous reporterait à l'an 653 de notre ère,
par conséquent treize ans après la conquête musul-
mane. Les personnages qu'on voit représentés dans
les bas-côtés, sont les douze mois, les quatre sai-
sons et les quatre vents.

DESSINS ET PHOTOGRAPHIES

DESSINS DE M. THOBOIS.

1.

SANCTUAIRE phénicien, à Amrit.

2.

COUPE, plan et plafond du monument qui précède.

3.

CELLA égyptienne, dont les débris ont été trouvés dans un marais à Amrit. Restaurée.

4.

GLOBE ailé et grandes ailes qui décoraient la voûte en segment de la précédente *cella*.

5.

1° ROCHER taillé à Amrit; 2° Site des deux grandes aiguilles funéraires (1), à Amrit.

---

(1) On se sert de ce mot, faute de meilleur, pour se conformer à

6.

L'ensemble des deux grandes aiguilles funéraires. État actuel.

7.

L'aiguille aux lions. État actuel.

8.

L'aiguille aux lions. Restauration.

9.

L'aiguille voisine de la précédente. État actuel.

10.

Mausolée d'Amrit. État actuel.

11.

Coupe, dans les deux sens, du mausolée.

12.

Restauration du mausolée, d'après les débris trouvés dans les fouilles exécutées au pied du monument.

13.

1° Troisième aiguille à Amrit, état actuel ; 2° Maison évidée dans le roc, à Amrit.

l'usage des habitants. qui appellent ces monuments *méghazil* « fuseaux. »

49.

ANIMAL fantastique, sculpté sur le roc, à Tirza.

50.

MURS de Ruad (Aradus), vus de l'intérieur de l'île, côté du Sud.

51.

FRAGMENT du mur de Ruad.

52.

TRAVAUX dans le roc, à Ruad.

53.

PEINTURE à l'huile, représentant le côté nord-ouest du mur de Ruad.

54.

CAVEAU de la nécropole d'Amrit.

55.

CAVEAU de la nécropole d'Amrit, situé sous l'aiguille n° 7.

56.

AUTRE caveau de la nécropole d'Amrit.

57.

SALLE d'en bas du mausolée n° 10.

58.

SALLE d'en haut du même mausolée.

59.

Autre caveau d'Amrit.

DESSINS DE MM. GAILLARDOT, SACRESTE, BROUILLET.

60.

Plan du cirque d'Amrit et de l'enceinte du temple n° 1, par M. Gaillardot.

61.

Plan d'Amrit, par le lieutenant Sacreste.

62.

Plan de la nécropole d'Amrit, par le même.

63.

Plan de Gébeil, par le même.

64.

Plan de Semar-Gebeil, par le même.

65.

Plan de Maschnaka, par le même.

66.

Plan d'Oum-el-Amawid, par le sous-lieutenant Brouillet.

PHOTOGRAPHIES.

—

67, 68, 69, 70.

Parties de la tour de Gébeil.

71.

Entrée d'un caveau à Gébeil.

72.

Parties de la vieille construction à laquelle appartenaient les pierres nos 1 et 2 (Gébeil).

73, 74.

Aiguilles funèbres d'Amrit.

75.

Sanctuaire phénicien à Amrit.

76, 77.

Le grand mausolée d'Amrit.

FIN.

www.ingramcontent.com/pod-product-compliance
Lightning Source LLC
LaVergne TN
LVHW021656170726
843501LV00007B/2594